ERICH KÄSTNER

Ironische Verse

Mit Farbradierungen
von Erhard Dietl

Atrium Verlag
Zürich

Die Welt ist rund. Denn dazu ist sie da.
Ein Vorn und Hinten gibt es nicht.
Und wer die Welt von hinten sah,
der sah ihr ins Gesicht.

Der Herr ohne Gedächtnis

Er griff dem Leben in die Taschen
und trieb mit Tod und Teufel Spaß.
Sein Maul war (bildlich) ungewaschen.
Er trank aus ziemlich allen Flaschen
und nahm bei Nacht den Sternen Maß.
Er stand auf dem Balkon des Jahres,
sah Scheußliches und Wunderbares,
und er vergaß.

Er kannte mehr als tausend Damen.
Die zeigten ihm ihr Herz en face.
Er spielte mit in tausend Dramen.
Er reiste unter tausend Namen
und sah durch Wände wie durch Glas.
Er lebte oft von Überresten.
Er wohnte manchmal in Palästen.
Und er vergaß.

Er war Friseur. Und Kohlenträger.
Er wurde krank. Und er genas.
Er schoß am Kongo Bettvorleger
und am Isonzo Alpenjäger
und biß beinahe selbst ins Gras.
Er fuhr auf Dampfern, die zerbrachen.
Er hustete in allen Sprachen.
Und er vergaß.

Und wenn sie ihn mit Blicken maßen,
in denen leichtes Grauen saß,
floh er auf Inseln mit Oasen.
Zu Menschen, welche Menschen fraßen,
indes er aus der Bibel las.
Oft reicht die Trauer nur für Späße ...
Er hoffte, daß man ihn vergäße,
wie er die anderen vergaß.
Und so geschah's.

Sergeant Waurich

Das ist nun ein Dutzend Jahre her,
da war er unser Sergeant.
Wir lernten bei ihm: »Präsentiert das Gewehr!«
Wenn einer umfiel, lachte er
und spuckte vor ihm in den Sand.

»Die Knie beugt!« war sein liebster Satz.
Den schrie er gleich zweihundertmal.
Da standen wir dann auf dem öden Platz
und beugten die Knie wie die Goliaths
und lernten den Haß pauschal.

Und wer schon auf allen vieren kroch,
dem riß er die Jacke auf
und brüllte: »Du Luder frierst ja noch!«
Und weiter ging's. Man machte doch
in Jugend Ausverkauf...

Er hat mich zum Spaß durch den Sand gehetzt
und hinterher lauernd gefragt:
»Wenn du nun meinen Revolver hättst –
brächtst du mich um, gleich hier und gleich jetzt?«
Da hab ich »Ja« gesagt.

Wer ihn gekannt hat, vergißt ihn nie.
Den legt man sich auf Eis!
Er war ein Tier. Und er spie und schrie.
Und Sergeant Waurich hieß das Vieh,
damit es jeder weiß.

Der Mann hat mir das Herz versaut.
Das wird ihm nie verziehn.
Es sticht und schmerzt und hämmert laut.
Und wenn mir nachts vorm Schlafen graut,
dann denke ich an ihn.

Klassenzusammenkunft

Sie trafen sich, wie ehemals,
im ersten Stock des Kneiplokals.
Und waren zehn Jahr älter.
Sie tranken Bier. (Und machten
Hupp!)
Und wirkten wie ein Kegelklub.
Und nannten die Gehälter.

Sie saßen da, die Beine breit,
und sprachen von der Jugendzeit
wie Wilde vom Theater.
Sie hatten, wo man hinsah, Bauch,
und Ehefrau'n hatten sie auch,
und fünfe waren Vater.

Sie tranken rüstig Glas auf Glas
und hatten Köpfe bloß aus Spaß
und nur zum Hütetragen.
Sie waren laut und waren wohl
aus einem Guß, doch innen hohl,
und hatten nichts zu sagen.
Sie lobten schließlich haargenau,
die Körperformen ihrer Frau,
den Busen und dergleichen.
Erst dreißig Jahr, und schon zu spät!
Sie saßen breit und aufgebläht
wie nicht ganz tote Leichen.

Da, gegen Schluß, erhob sich wer
und sagte kurzerhand, daß er
genug von ihnen hätte.
Er wünsche ihnen sehr viel Bart
und hundert Kinder ihrer Art
und gehe jetzt zu Bette. –

Den andern war es nicht ganz klar,
warum der Kerl gegangen war.
Sie strichen seinen Namen.
Und machten einen Ausflug aus.
Für Sonntag früh. Ins Jägerhaus.
Doch dieses Mal mit Damen.

Maskenball im Hochgebirge

Eines schönen Abends wurden alle
Gäste des Hotels verrückt, und sie
rannten schlagerbrüllend aus der Halle
in die Dunkelheit und fuhren Ski.

Und sie sausten über weiße Hänge.
Und der Vollmond wurde förmlich fahl.
Und er zog sich staunend in die Länge.
So etwas sah er zum erstenmal.

Manche Frauen trugen nichts als Flitter.
Andre Frauen waren in Trikots.
Ein Fabrikdirektor kam als Ritter.
Und der Helm war ihm zwei Kopf zu groß.

Sieben Rehe starben auf der Stelle.
Diese armen Tiere traf der Schlag.
Möglich, daß es an der Jazzkapelle –
denn auch die war mitgefahren – lag.

Die Umgebung glich gefrornen Betten.
Auf die Abendkleider fiel der Reif.
Zähne klapperten wie Kastagnetten.
Frau von Cottas Brüste wurden steif.

Das Gebirge machte böse Miene.
Das Gebirge wollte seine Ruh.
Und mit einer mittleren Lawine
deckte es die blöde Bande zu.

Dieser Vorgang ist ganz leicht erklärlich.
Der Natur riß einfach die Geduld.
Andre Gründe hierfür gibt es schwerlich.
Den Verkehrsverein trifft keine Schuld.

Man begrub die kalten Herrn und Damen.
Und auch etwas Gutes war dabei:
für die Gäste, die am Mittwoch kamen,
wurden endlich ein paar Zimmer frei.

Ball im Osten: Täglich Strandfest

Lauter Engel in Trikots.
Lauter Brüste und Popos.
Ohne Halt und Barriere,
folgend dem Gesetz der Schwere,
hängt die Schönheit bis zum Knie.
Und beim Tanzen zittert sie.

Jeder Tisch hat Telephon.
Und da läutet es auch schon.
Was sie sagt, klingt recht gewöhnlich.
Später kommt sie ganz persönlich.
Und sie drückt dich zielbewußt
an die kuhstallwarme Brust.

Nach der Tour schleppt sie dich gar
auf ein Sofa in die Bar.
Ach, die Frau ist schlecht vergittert,
und du siehst, womit sie zittert.
Ungewollt blickst du ihr tief
bis in ihr Geheimarchiv.

Sinnlich beißt sie dich ins Ohr,
säuft Likör und knöpft dich vor.
Nichts am Manne ist ihr heilig.
Was sie hat, das hat sie eilig.
Als du, zu diskretem Zweck,
raus willst, läßt sie dich nicht weg.

Oben auf der Galerie
sei es dunkel, flüstert sie.
Und sie schürzt die Hemigloben,
nickt dir zu und klimmt nach oben.
Deutscher Jüngling, scher dich fort!
Stürz nach Hause! Treibe Sport!

Anmerkung: Das Gedicht hat nur noch historische Bedeutung. Das Tragen von Trikots in Vergnügungslokalen wurde mittlerweile, wohl zur Behebung der Arbeitslosigkeit, von der Regierung verboten.

Kleine Epistel

Wie war die Welt noch imposant,
als ich ein kleiner Junge war!
Da reichte einem das Gras
   bis zur Nase,
falls man im Grase
   stand!

Geschätzte Leser –
das waren noch Gräser!
Die Stühle war'n höher,
   die Straßen breiter,
der Donner war lauter,
   der Himmel weiter,
die Bäume war'n größer,
   die Lehrer gescheiter!
Und noch ein Pfund Butter,
   liebe Leute,
war drei- bis viermal schwerer
   als heute!
Kein Mensch wird's bestreiten –
das waren noch Zeiten!

Wie dem auch sei,
vorbei ist vorbei.
Nichts blieb beim alten.
Man wuchs ein bißchen.
Nichts ließ sich halten.
Der Strom ward zum Flüßchen,
der Riese zum Zwerg,
zum Hügel der Berg.
Die Tische und Stühle,
die Straßen und Räume,
das Gras und die Bäume,
die großen Gefühle,
die Lehrer, die Träume,
dein Wille und meiner,
der Mond und das übrige
Sternengewölbe –
alles ward kleiner,
nichts blieb dasselbe.

Man sah's. Man ertrug's.
Bloß weil man später
ein paar Zentimeter
wuchs.

Eine Animierdame stößt Bescheid

Ich sitze nachts auf hohen Hockern,
berufen, Herrn im Silberhaar
moralisch etwas aufzulockern.
Ich bin der Knotenpunkt der Bar.

Sobald die Onkels Schnaps bestellen,
rutsch ich daneben, lad mich ein
und sage nur: »Ich heiße Ellen.
Laßt dicke Männer um mich sein!«

Man darf mich haargenau betrachten.
Mein Oberteil ist schlecht verhüllt.
Ich habe nur darauf zu achten,
daß man die Gläser wieder füllt.

Wer über zwanzig Mark verzehrt,
der darf mir in die Seiten greifen
und (falls er solcherlei begehrt)
mich in die bess're Hälfte kneifen.

Selbst wenn mich einer Hure riefe,
obwohl ich etwas Bess'res bin,
das ist hier alles inklusive
und in den Whiskys schon mit drin.

So sauf ich Schnaps im Kreis der Greise
und nenne dicke Bäuche Du
und höre, gegen kleine Preise,
der wachsenden Verkalkung zu.

Und manchmal fahr ich dann mit einem
der Jubelgreise ins Hotel.
Vergnügen macht es zwar mit keinem.
Es lohnt sich aber finanziell.

Falls freilich einer glauben wollte,
mir könne Geld im Bett genügen,
also: Wenn ich die Wahrheit sagen sollte,
müßt ich lügen!

Ballgeflüster

(Ist sehr sachlich zu sprechen:)

Ich bin aus vollster Brust modern
und hoffe, man sieht es mir an.
Ich schlafe mit allen möglichen Herrn,
nur nicht mit dem eigenen Mann.

Ich schwärme für blutige Dramen.
Und wo man mich packt, bin ich echt.
Ich frag nicht nach Stand und Namen
und erst recht nicht nach dem Geschlecht.

Ich liebe nach neuester Mode.
Ich kenne den dernier cri.
Ich beherrsche jede Methode.
Mein Hündchen heißt Annemarie.

Ich kenne die tollsten Gebärden.
Ich flüstre das tollste Wort.
Ich liebe, um schlanker zu werden.
Ich liebe, als triebe ich Sport.

Ich haue und lasse mich hauen.
Ich regle den größten Verkehr.
Auf mir kann man Häuser bauen.
Liebchen, was willst du noch mehr?

Gefühl ist mir gänzlich fremd.
Ich leide nicht durch Gebrauch.
Ich hab unterm Kleid kein Hemd.
Und Kinder habe ich auch.

Morgen um Fünf hätt ich Zeit.
Da dürften Sie mir was tun.
Mein Bett ist doppelt breit.
Um Sechs kommt Mister White. –
Mein Herr, was sagen sie nun?

Wiegenlied für sich selber

Schlafe, alter Knabe, schlafe!
Denn du kannst nichts Klügres tun,
als dich dann und wann auf brave
Art und Weise auszuruhn.

Wenn du schläfst, kann nichts passieren ...
Auf der Straße, vor dem Haus,
gehn den Bäumen, die dort frieren,
nach und nach die Haare aus.

Schlafe, wie du früher schliefst,
als du vieles noch nicht wußtest
und im Traum die Mutter riefst.
Ja, da liegst du nun und hustest!

Schlaf und sprich wie früher kindlich:
»Die Prinzessin drückt der Schuh.«
Schlafen darf man unverbindlich.
Drücke beide Augen zu!

Mit Pauline schliefst du gestern.
Denn mitunter muß das sein.
Morgen kommen gar zwei Schwestern!
Heute schläfst du ganz allein.

Hast du Furcht vor den Gespenstern,
gegen die du neulich rangst?
Mensch, bei solchen Doppelfenstern
hat ein Deutscher keine Angst!

Hörst du, wie die Autos jagen?
Irgendwo geschieht ein Mord.
Alles will dir etwas sagen.
Aber du verstehst kein Wort ...

Sieben große und zwölf kleine
Sorgen stehen um dein Bett.
Und sie stehen sich die Beine
bis zum Morgen ins Parkett.

Laß sie ruhig stehn und lästern!
Schlafe aus, drum schlafe ein!
Morgen kommen doch die Schwestern,
und da mußt du munter sein.

Schlafe! Mache eine Pause!
Nimm, wenn nichts hilft, Aspirin!
Denn, wer schläft, ist nicht zu Hause,
und schon geht es ohne ihn.

Still. Die Nacht starrt in dein Zimmer
und beschnuppert dein Gesicht ...
Andre Menschen schlafen immer.
Gute Nacht, und schnarche nicht!

Der Handstand auf der Loreley
(Nach einer wahren Begebenheit)

Die Loreley, bekannt als Fee und Felsen,
ist jener Fleck am Rhein, nicht weit von Bingen,
wo früher Schiffer mit verdrehten Hälsen,
von blonden Haaren schwärmend, untergingen.

Wir wandeln uns. Die Schiffer inbegriffen.
Der Rhein ist reguliert und eingedämmt.
Die Zeit vergeht. Man stirbt nicht mehr beim Schiffen,
bloß weil ein blondes Weib sich dauernd kämmt.

Nichtsdestotrotz geschieht auch heutzutage
noch manches, was der Steinzeit ähnlich sieht.
So alt ist keine deutsche Heldensage,
daß sie nicht doch noch Helden nach sich zieht.

Erst neulich machte auf der Loreley
hoch überm Rhein ein Turner einen Handstand!
Von allen Dampfern tönte Angstgeschrei,
als er kopfüber auf der Wand stand.

Er stand, als ob er auf dem Barren stünde.
Mit hohlem Kreuz. Und lustbetonten Zügen.
Man frage nicht: Was hatte er für Gründe?
Er war ein Held. Das dürfte wohl genügen.

Er stand, verkehrt, im Abendsonnenscheine.
Da trübte Wehmut seinen Turnerblick.
Er dachte an die Loreley von Heine.
Und stürzte ab. Und brach sich das Genick.

Er starb als Held. Man muß ihn nicht beweinen.
Sein Handstand war vom Schicksal überstrahlt.
Ein Augenblick mit zwei gehobnen Beinen
ist nicht zu teuer mit dem Tod bezahlt!

P.S. Eins wäre allerdings noch nachzutragen:
Der Turner hinterließ uns Frau und Kind.
Hinwiederum, man soll sie nicht beklagen.
Weil im Bezirk der Helden und der Sagen
die Überlebenden nicht wichtig sind.

Polly oder Das jähe Ende

Sie war am ganzen Körper blond,
soweit sie Härchen hatte.
Bis zum Betthimmel reichte ihr Horizont.
Ihre Seele war scheinbar aus Watte.

Sie griff sich an wie teurer Velours
von der allerzartesten Sorte.
Sie war eine waagerechte Natur
und marschierte am liebsten am Orte.

Sie hatte den Mund auf dem rechten Fleck
und viele andere Schwächen.
Sie war das geborene Männerversteck,
zerbrechlich, doch nicht zu zerbrechen.

Noch ehe man klopfte, rief sie Herein
und fand die Natur ganz natürlich.
Doch manchmal wurde sie handgemein –
ich fürchte, ich bin zu ausführlich!

Wie dem auch sei, sie starb zum Schluß
(obwohl sich das nicht schickte)
bei einem komplizierten Kuß,
an welchem sie erstickte.

Das war sehr peinlich für den Mann.
Er pfiff, soviel ich glaube:
»Rasch tritt der Tod den Menschen an.«
Dann machte er sich aus dem Staube.

Sachliche Romanze

Als sie einander acht Jahre kannten
(und man darf sagen: sie kannten sich gut),
kam ihre Liebe plötzlich abhanden.
Wie andern Leuten ein Stock oder Hut.

Sie waren traurig, betrugen sich heiter,
versuchten Küsse, als ob nichts sei,
und sahen sich an und wußten nicht weiter.
Da weinte sie schließlich. Und er stand dabei.

Vom Fenster aus konnte man Schiffen winken.
Er sagte, es wäre schon Viertel nach vier
und Zeit, irgendwo Kaffee zu trinken.
Nebenan übte ein Mensch Klavier.

Sie gingen ins kleinste Café am Ort
und rührten in ihren Tassen.
Am Abend saßen sie immer noch dort.
Sie saßen allein, und sie sprachen kein Wort
und konnten es einfach nicht fassen.

Erich Kästner, geboren am 23. Februar 1899 in Dresden, promovierte über die Literaturauffassung Friedrichs des Großen. Schon während seines Studiums arbeitete er als Redakteur, zog dann von Dresden nach Berlin und veröffentlichte 1928 sein erstes Buch, den Gedichtband »Herz auf Taille«, der ihn schlagartig berühmt machte. Bis 1933 erschienen zahlreiche Bücher von ihm, darunter »Emil und die Detektive«, das seinen Ruhm vergrößerte und festigte. Als Kästners Bücher von den Nationalsozialisten verbrannt wurden und er Publikationsverbot erhielt, fanden sich dennoch immer wieder Möglichkeiten für ihn, Texte zu veröffentlichen, und sei es unter Pseudonym. Nach Ende des Krieges leitete Kästner das Feuilleton einer großen Tageszeitung und eröffnete das Kabarett »Die Schaubude«. Allmählich begann er wieder Bücher zu schreiben. Mehrere Auszeichnungen, darunter der Georg-Büchner-Preis, unterstreichen seine literarische Bedeutung. Am 29. Juli 1974 starb Erich Kästner in München.

Erhard Dietl, geboren 1953 in Regensburg und seit vielen Jahren erfolgreicher Illustrator für Bilder- und Kinderbücher, die in viele Sprachen übersetzt wurden, zeichnete unter anderem Cartoons für das ZEIT-Magazin, für Cosmopolitan, Pardon und den Stern. Sein Sinn für Satire äußert sich auch musikalisch; mehrere CDs, deren Texte und Melodien von Dietl stammen, zeugen davon. Die Lyrik Erich Kästners hat Dietl von jeher fasziniert und berührt, er spürte eine Art Seelenverwandtschaft und fing schließlich an, zu bestimmten Gedichten Radierungen zu gestalten, die hier erstmals in gedruckter Form vorliegen. Erhard Dietl lebt und arbeitet in München.

© by Atrium Verlag, Zürich 2001
Alle Rechte vorbehalten
Satz aus der Stempel-Garamond und Layout
von Jan Enns, Wentorf
Reproduktionen: Grafische Werkstatt
Christian Kreher, Hamburg
Holz- und chlorfreies Werkdruckpapier von der
Papierfabrik Schleipen, Bad Dürkheim
Druck:
Christians/Druckerei und Verlag, Hamburg
Bindung:
Buchbinderei Büge, Celle
Printed in Germany
ISBN 3-85535-941-5

Von diesem Band ist gleichzeitig eine
limitierte und numerierte Vorzugsausgabe erschienen
Die Auflage beträgt 250 Exemplare
Jedem Exemplar liegt eine Originalfarbradierung
von Erhard Dietl bei
Es handelt sich um zwei Motive zu je 125 Blatt,
handnumeriert und signiert